AF495103

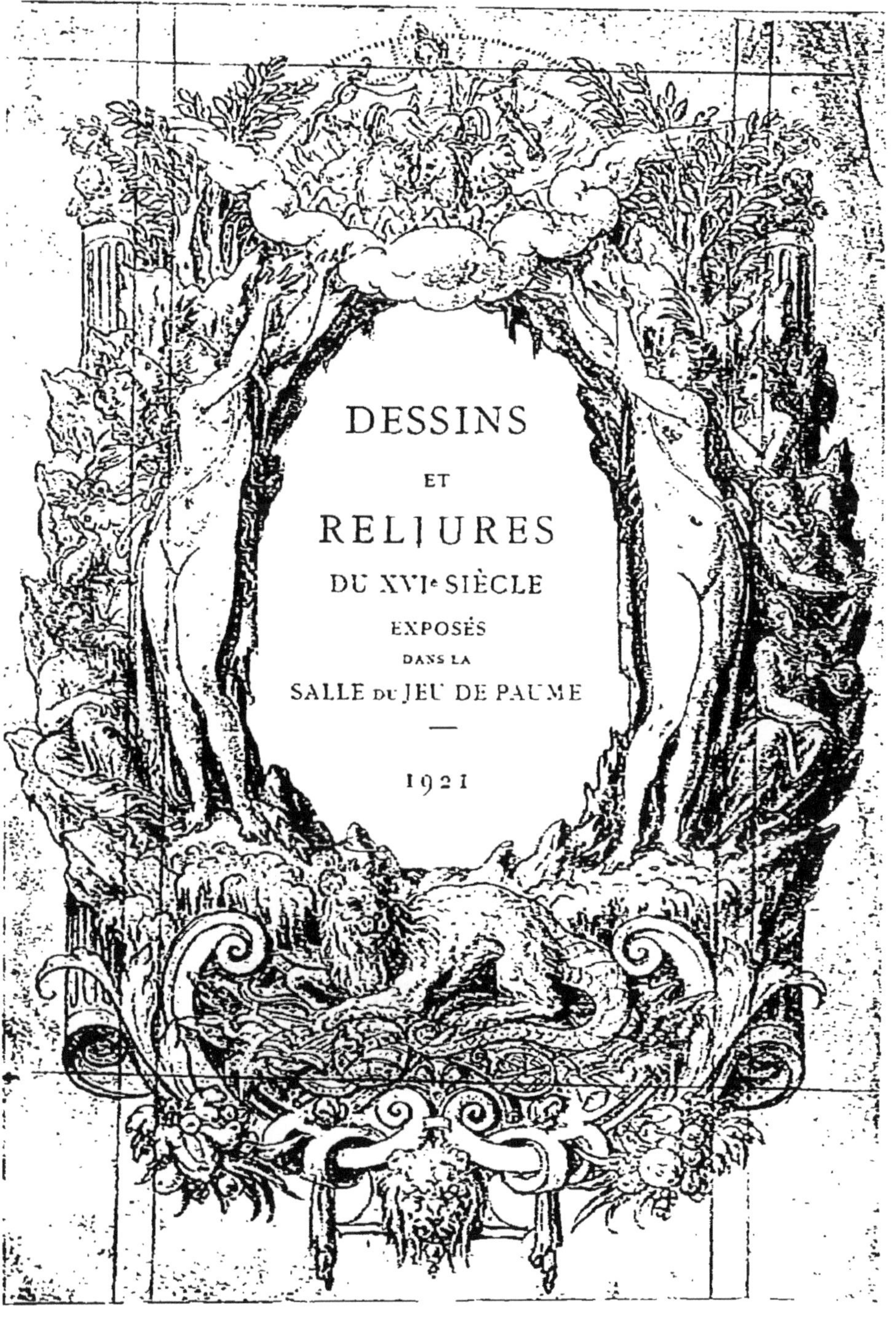
DESSINS
ET
RELIURES
DU XVIe SIÈCLE
EXPOSÉS
DANS LA
SALLE DU JEU DE PAUME
1921

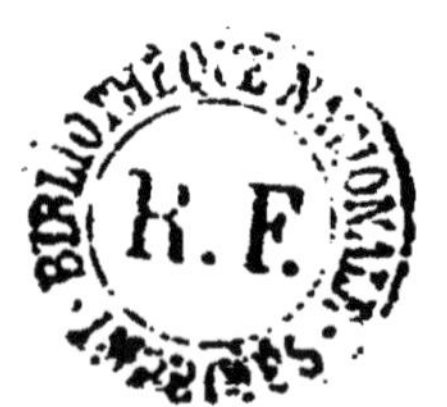
BIBLIOTHÈQUE NATIONALE
R.F.
IMPRIMÉS

DON
221481

# *AVERTISSEMENT*

*C'est la première fois, sans doute, qu'un choix aussi important de dessins de l'École de Fontainebleau est présenté au public.*

*Par « École de Fontainebleau », nous entendons la production des artistes italiens appelés au Château par François Ier qui voulait décorer somptueusement son séjour favori. Rosso, Primatice, Nicolo, L. Penni, etc. Nous y comprenons aussi les artistes français qui ont subi leur influence, tels que : Boyvin, Deleaune, Ducerceau, Caron, Dubois, Dubreuil, etc. et enfin quelques Flamands attirés par le rayonnement de l'École : tels que L. Thiri, Floris, etc. On a contesté le nom d'École à la production de Fontaine bleau. Lorsqu'on aura embrassé d'un coup d'œil les dessins que nous exposons, il sera difficile de n'y pas trouver tous les signes distinctifs d'une école. Il est entendu que le départ en est en Italie, mais nos*

*Italiens ont les premiers modifié leur style sous l'influence de l'ambiance. Nous leur voyons plus d'élégance dans les formes élancées des figures, plus de mesure dans l'ornement, ce qui n'exclut pas une fécondité d'invention sans cesse accrue. Nous observons aussi une pénétration mutuelle des procédés de chacun, non seulement des Italiens entre eux, mais aussi des Italiens sur les artistes français qui travaillaient sous leurs ordres ou auprès d'eux; bref, nous trouvons là des caractéristiques si particulières que l'observateur averti qui aura étudié l'ensemble de nos dessins ne s'y trompera pas et saura du premier coup d'œil classer un dessin de ce temps dans l'École de Fontainebleau. Son rayonnement fut tel qu'il s'étendit par toute la France au cours du siècle et jusqu'à l'étranger.*

*Nous avons dit que l'un des traits saillants de cette École était l'élégance des formes. Elle s'affirme avec éclat dans les stucs de la galerie du roi et dans les fresques de la salle Henri II, nous la retrouvons avec plus de charme s'il est possible dans les figures réduites de nos dessins. Elle est telle qu'on ne saurait l'oublier quand on en a subi le charme. C'est aussi par là que le style Louis XVI s'est imposé dans le goût de notre temps. Mais n'est-il pas étrange que les œuvres du temps de François Ier et de celui de Henri II, qui ne leur cèdent en rien pour la beauté et qui ont en plus le mérite de l'ancienneté et de la rareté, soient restées si longtemps dans un pareil discrédit auprès des amateurs.*

*Notre exposition comporte 140 dessins. Sur ce nombre, 30 appartiennent au Musée du Louvre; 18 à la Bibliothèque de l'École des Beaux-Arts, 92 à une collection particulière. Dans ce dernier lot il est vrai, figurent un grand nombre de pièces intelligemment recueillies par Chennevières, Destailleurs et Beurdeley. Dans le lot des Beaux-Arts, nous retrouvons les magnifiques dessins légués par Mme Valton. Les dessins du Louvre ont une origine plus ancienne : ils proviennent de Jabach, de la Noue, Crozat, et nous en pouvons conclure que rien de ce qui méritait d'être admiré n'a été négligé par ces ancêtres des collectionneurs. Nous savons par Dimier, qu'un grand nombre d'autres dessins de notre école existent par ailleurs dans les portefeuilles des musées étrangers, notamment au British Museum, à l'Albertine, aux Offices, à Stockholm, à Berlin. Mais dans les circonstances présentes, nous ne pouvions songer à les réunir.*

*Souhaitons que notre tentative, si réduite qu'elle soit, attire l'attention qu'elle mérite sur notre École de Fontainebleau, et que les observations et recherches des critiques et érudits qui viendront la visiter permettent d'apporter quelques clartés nouvelles dans un art où tant est encore à préciser.*

*J. M.*

# DESSINS

## ANONYMES

**1 → Le Déluge.**

A la plume, ombré d'un léger lavis d'encre de Chine, dans une forme ovale. Il convient de remarquer, dans les nus, les fossettes indiquées en forme de virgules. Cette particularité se retrouve sur un certain nombre de feuilles de ce temps qui restent anonymes. Dimier cite ce dessin dans son Primatice, p. 485, et le donne à Geoffroy Dumonstier. — Collection de Chennevières, qui l'attribue à l'école française de la fin du XVIe siècle.

Haut. 0,244; Larg. 0,366. *Collection J.-M.*

**2 → Le Serpent d'airain.**

La composition d'ordre décoratif est encadrée de deux termes à doubles figures reliées par une guirlande de fleurs et fruits soutenue par des amours.

Plume, ombré de sépia. — Collection de Chennevières.

Haut. 0,142; L. 0,268. *Collection J.-M.*

**3 → Les Fils de Noé s'éloignant de leur père ivre.**

Plume, sépia et rehauts de blanc sur papier bistre. Nous retrouvons dans ce dessin les fossettes sur les nus qui caractérisent un certain groupe d'artistes de l'école.

Haut. 0,240; Larg. 0,630. *Collection J.-M.*

**4 → David et Goliath, dans un encadrement de satyres, de termes, d'animaux et de fruits.**

Plume, lavé d'encre de Chine, rehaussé de blanc.

Autrefois attribué à Luca Penni. — Inv. Jabach, n° 187 de l'Ecole florentine.

Haut. 0,283 ; L. 0,377. *Musée du Louvre* (8.717).

**5 → Saint Thomas.**

Plume, ombré d'encre de Chine, sur papier teinté de bistre. Style du Rosso et peut-être de sa main. —

Haut. 0,229; Larg. 0,128. *Collection J.-M.*

**6 → La Femme adultère.**

A la plume, ombré de sépia et rehaussé d'or. Porte en haut le n° 24, et faisait vraisemblablement partie d'une suite du Nouveau Testament. Filigrane : une main surmontée d'une couronne fleurdelysée. Dimier inclinerait à donner ce dessin à Bagnacavallo.

Haut. 0,220; Larg. 0,245. *Collection J.-M.*

**7 → La Tentation de saint François d'Assise.**

Le saint, étendu près d'une cheminée, se brûle avec des charbons ardents, pour se défendre des avances d'une courtisane qui s'offre à lui.

A la plume. Filigrane : un croissant sur un écusson surmonté d'un autre croissant. Dans le style de Nicolo, et peut-être de sa main.

Haut. 0,194 ; Larg. 0,242. *Collection J.-M.*

**8 →+ Les Saintes Femmes veillant à la porte du tombeau du Christ.**

Dans le lointain, les trois croix. Au premier plan Joseph d'Arimathie s'éloigne avec ses gens.

Pierre noire, encre de Chine et rehauts de gouache blanche. Le dessin des figures élancées décèle l'influence de Primatice, et pourrait être attribuée à Dumée.

Haut. 0,365 ; Larg. 0,242. *Collection J.-M.*

**9 →+ L'Assomption.**

Dessiné à la pierre noire renforcée de traits de plume, ombré de bistre et rehaussé de gouache blanche. — Collection de Chevnevières, qui a noté : « Epoque de Toussaint Dubreuil. »

Haut. 0,262 ; Larg. 0,408. *Collection J.-M.*

**10 →+ L'Embarquement d'Ulysse.**

Au trait de plume dans une forme ovale. — Filigrane : une main surmontée d'une étoile. — Collection Beurdeley.

Haut. 0,245 ; Larg. 0,368. *Collection J.-M.*

**11 →+ Jeune Dieu représentant un Fleuve.**

Parait être un des fleuves de la voûte de la Galerie d'Ulysse.

A la plume. Nous exposons sous les n[os] 106 et 107 deux feuilles prêtées par l'Ecole des Beaux-Arts, qui sont aussi des fleuves de la même décoration. Mais sous l'autorité de Dimier nous les attribuons au Primatice. Celui-ci est d'une main différente, bien que d'une réelle maitrise d'exécution. Le quatrième est au Louvre. — Collections : Mariette (n° 338 du catalogue) ; His de la Salle ; Louis Galichon.

Haut. 0,145 ; L. 0,230. *Collection J. M.*

**12 ⟶ Le Jugement de Pâris.**

Peint à l'encre de Chine avec rehauts de gouache blanche sur papier teinté brun. Paraît être du milieu du XVIe siècle, sous l'influence du Primatice.

Haut. 0,190; Larg. 0,250. *Collection J.-M.*

**13 ⟶ Allégorie du Temps.**

Il est assis sur un nuage, sous la forme d'un vieillard ailé et barbu aux yeux troubles et tenant le sablier. A ses pieds gît une jeune femme aux ailes brisées symbolisant les arts. Dans le ciel on aperçoit le lion et le cancer sur la roue du zodiaque.

Plume et encre de Chine, en forme de médaillon. Plusieurs cachets de collection dont celui de Chennevières qui attribue au Rosso ce fort beau dessin.

Diam. 0,240. *Collection J.-M.*

**14 ⟶ Le Feu.**

(D'une suite des Éléments).

A droite, un forgeron bat le fer sur l'enclume. A gauche, un vieillard assis se chauffe à un brasero. Fond de paysage où l'on voit rôtir une grosse pièce suspendue sur le feu, entre deux troncs d'arbre.

Au crayon noir, avec rehauts de blanc à la gouache, sur papier gris-vert. — Collection de Chennevières, qui a mis de sa main l'attribution : « Ecole de Fontainebleau ».

Haut. 0,170; Larg. 0,258. *Collection J.-M.*

**15 ⟶ L'Hiver.**

A la plume ombré de sepia sur papier bistre. Ce dessin paraît être de la deuxième moitié du XVIe siècle. Les personnages sont nus, les formes élancées, presque grêles, le trait un peu tremblé, mais la composition est parfaitement équilibrée et l'ensemble est bien dans la traditionde l'école Rosso-Primatice. On a mis au verso l'attribution « Lucas Penni » que nous ne pouvons ni confirmer ni infirmer. Cachet de collection : monogramme fait des lettres G. C. dans un cercle.

Haut. 0,232 ; Larg. 0,290. *Collection J.-M.*

**16 → Le Parnasse.**

A la plume. Ce dessin se rattache à la manière de Nicolo et doit sortir de son atelier, s'il n'est pas de sa main. Nous y retrouvons les formes élancées, l'indication des yeux, du nez, de la bouche et surtout du jeu des muscles par des traits courts en forme de virgules simples ou doubles, de v ou de o.

Haut. 0,212 : Larg. 0,148. *Collection J.-M.*

**17 → Histoire de Meleagre.**

A la plume légèrement ombré de bistre. — Collection de Chennevières, qui a écrit au verso : « Modèle de la tapisserie d'Anet. »

Haut. 0,424 ; Larg. 0,228. *Collection J.-M.*

**18 → Apollon et Marsyas jouant devant les nymphes.**

Léger trait de plume ombré de sépia, dans une forme ovale. Une ancienne inscription portée au verso nous apprend que ce sujet était traité en peinture à Florence, près de la porte de Rome. Mais l'exécution du dessin est bien dans la manière des Italiens de Fontainebleau, vers le milieu du XVIe siècle.

Haut. 0,292 : Larg. 0,230. *Collection J.-M.*

**19 → Apollon et Marsyas.**

Peint à la sépia rehaussée de blanc. Le caractère du paysage, qui rappelle la manière de Breughel de Velours, et aussi le dessin des figures indiquent que nous avons ici l'œuvre de l'un des Flamands appelés à Fontainebleau dans la deuxième moitié du XVIe siècle.

Haut. 0,376 ; Larg. 0,495. *Collection J.-M.*

**20 →→ Vénus servie par les Grâces et les Amours.**

Plume, lavé de bistre et d'indigo, rehaussé de blanc. Autrefois attribué à Frans Florio. On lit en bas : « franc flore, le raphael de la hollande ». — N° 8.744.
Haut. 0,380; Larg. 0,320. *Musée du Louvre.*

**21 →→ Un Amour assis.**

Plume, lavé d'encre de Chine, sur fond de sanguine. Porte la marque de Coypel.
Haut. 0,092 ; L. 0,074. *Musée du Louvre* (33.557).

**22 →→ Cortège des jeux défilant autour d'un temple de forme ronde.**

A gauche sont assis un roi et une reine. Mercure est debout auprès d'eux.

Plume et sépia. — Collections : Desneux de la Noue et Crozat ; de Chennevières.
Haut. 0,250; Larg. 0,380. *Collection J.-M.*

**23 →→ La Prise d'un camp.**

Les défenseurs s'enfuient en désordre vers leurs tentes, poursuivis par des cavaliers en armures et carquois. Dans le ciel Diane apparaît dans un nuage.

Au trait de plume rehaussé de sépia claire. Filigrane : pendeloque surmontée d'un quatrefeuilles. Ce dessin paraît composé pour un panneau de tapisserie.
Haut. 0,547; Larg. 0,410. *Collection J.-M.*

**24 →→ Fête antique.**

A gauche, des princes grecs sont réunis autour d'une table somptueusement servie. Plusieurs des serviteurs portent le bonnet phrygien. Un jeune homme couronné de lauriers les charme de ses chants. A droite des prêtres offrent en sacrifice de nombreux animaux qu'on égorge autour d'eux. Dans le lointain s'étend une ville devant laquelle accoste une galère.

Délicatement dessiné à la plume et rehaussé d'un léger lavis de sépia. On lit à gauche le nom de Lucas Penni d'une ancienne écriture. Il est reporté au verso. Dimier, dans son Primatice, attribue le dessin au supposé Bagnacavallo. Nous retrouvons dans les nus de ce joli dessin les fossettes que nous signalons par ailleurs. — Collection de Chennevières.

Haut. o.240 ; Larg. o,440. *Collection J.-M.*

**25 →→ Assemblée de seize personnages pour la signature d'une sentence ou d'un contrat.**

A la plume, lavé de bistre et d'indigo. — Legs Gatteaux, 12068.

Haut. o,200; Larg. o,390. *Ecole des Beaux-Arts.*

**26 →→ Allégorie pour le mariage d'un prince.**

Plume et lavis de cobalt en forme de médaillon. Se rattache à l'atelier d'Antoine Caron.

Diam. o,160. *Collection J.-M.*

**27 →→ Reliquaire de la vraie Croix.**

Le piédouche porte les armes du cardinal de Bourbon. Le cardinal de Bourbon fut archevêque de Rouen, abbé de Saint-Denis et de Saint-Germain-des-Prés. C'est là qu'il mourut en 1594. Au verso, une curieuse inscription du temps donne les prix de façon au marc.

Plume et lavis d'encre de Chine.

Haut o,480; Larg. o,310. *Collection J.-M.*

**28 →→ L'Accouchement.**

A la pierre noire, ombré d'encre de Chine. Paraît se rattacher à l'atelier de Dubois. — Collection Chennevières.

Haut. o,195 ; L. o,200. *Collection J.-M.*

**29 ⟶ Le Déjeuner sous la treille.**

Couples de jeunes seigneurs et leurs dames banquetant et faisant de la musique. Les costumes sont du temps de Henri III ou Charles IX. Au-dessus de la treille, on aperçoit une chasse à courre dans la forêt.

Peint en camaïeu gris bleuâtre sur papier. — Collection de Chennevières.

Haut. 0,281; Larg. 0,202. *Collection J.-M.*

**30 ⟶ La Tonte des moutons.**

Sépia rehaussée d'or sur papier bistre. Paraît être l'œuvre d'un des peintres flamands qui ont subi l'influence de Fontainebleau et composé pour une tapisserie. — Collection Frédéric Reiset.

Haut. 0,372; L. 0,384. *Collection J.-M.*

**31 ⟶ Intérieur d'une Maison de bains.**

Plume lavé d'indigo, rehaussé de blanc. — L'influence flamande est manifeste. — Collection Crozat n° 2365.

Haut. 0,270; L. 0,330. *Musée du Louvre* (8.745).

**32 ⟶ Cortège de Musiciennes précédées d'un page.**

Neuf femmes déguisées faisant de la musique, précédées d'un page. (Fragment de cortège.)

Gouache sur trait de plume.

Haut. 0.127; Larg. 0,427. *Musée du Louvre* (33.637).

**33 ⟶ Motifs de Décoration pour stucs.**

En haut, moitié d'un cartouche à compartiments ornés d'amours, de masques et de bottes de fruits. En bas, morceau de frise composée d'amours jouant avec des serpents qui s'enlacent au-dessus d'une tête de taureau.

A la plume. Ce dessin est tout à fait dans l'esprit des stucs de la galerie François Ier et peut être donné à l'atelier de Rosso. — Collection Beurdeley.

Haut. 0,360; Larg. 0,260. *Collection J.-M.*

**34 ⟶ Modèle de Cartouche.**

Il est orné d'amours, de bottes de fruits, avec une tête de cerf au fronton, un masque à la base, et sur l'entablement un amour debout à côté d'un dragon.

A la plume légèrement hachuré. Cedessin est tout à fait dans l'esprit des stucs du Rosso pour la Galerie du Roi. — Collection Beurdeley.

Haut. 0,250 ; Larg. 0,187. *Collection J.-M.*

**35 ⟶ Feuille d'Études.**

A gauche : cinq amours, à la plume, avec rehauts de bistre et de blanc. A droite : un vieillard pensif, au crayon rehaussé de blanc. Ces études paraissent faites d'après le Primatice par un de ses élèves ; les amours notamment se trouvaient dans la composition du maître : *Les Heures précédant le char du Soleil.* — Collection de Chennevières.

Haut. 0,200 ; L. 0,298. *Collection J.-M.*

**36 ⟶ Étude d'Homme nu et agenouillé.**

Ce dessin paraît être une étude pour *Saint Paul sur le chemin de Damas*. Il est de l'atelier du Rosso, sinon de sa main. Plume, bistre et rehauts de blanc en partie oxydés. — Collection de Chennevières. —

Haut. 0,222 ; L. 0,170. *Collection J.-M.*

**37 ⟶ Étude de Soldat assis.**

Ce dessin est de la même main que le précédent. Tous deux semblent bien sortir de l'atelier du Rosso. Plume, bistre et rehauts de blanc en partie oxydés. Filigrane : au caducée.

Haut. 0.197 ; Larg. 0,142. *Collection J.-M.*

**38 ⟶ Portrait équestre du duc de Luynes, grand fauconnier du roi.**

Au crayon, quelques traits repris à l'encre.

Haut. 0,347 ; Larg. 0,226. *Collection J.-M.*

**39 —— Projet de Tombeau pour une princesse de France.**

C'est un édicule carré dont la façade est ornée d'un portique abritant un Moïse inspiré de celui de Michel-Ange. De chaque côté, dans des niches, on voit à droite la Justice, à gauche une femme portant une petite église. Sur les faces latérales, on aperçoit les profils de David à droite et Salomon à gauche. Les bas-reliefs donnent des scènes de l'Exode. La princesse est figurée sur le faîte, agenouillée sur un prie-Dieu. Deux génies ailés sont au-dessous d'elle appuyés sur l'entablement du portique, avec, au milieu, un écusson surmonté d'une couronne fleurdelysée.

Plume et léger lavis de sépia. Filigrane : au monogramme de Diane de Poitiers. A figuré sous le n° 68 à l'exposition des dessins de la collection de Chennevières au musée d'Alençon en 1857. — Collection de Chennevières.

Haut. 0,330; Larg. 0,260. *Collection J.-M.*

**40 —— Projet de Monument funéraire avec urne surmontée de deux cœurs, et des armoiries inconnues.**

Plume, lavé d'encre de Chine.

H. 0,235 ; L. 0,165. *Musée du Louvre* (8.830).

**41 —— L'Éléphant royal.**

C'est le dessin d'une des fresques de la galerie de François Ier avec quelques variantes.

Plume, et sépia. Sur le degré courbé à gauche, on relève un monogramme qui paraît contenir les lettres V H L, la barre de l'H est surmontée d'un signe en forme de 4 que l'on trouve dans diverses marques du XVIe siècle et où on a voulu voir une croix brisée. Nous relevons en outre sur le 2e degré la date de 1620. Il ne saurait donc être question ici d'un original, mais d'une copie dans l'état où était la fresque à cette date, car elle a subi depuis comme toutes les autres, d'importantes restaurations.

Haut. 0,284 ; Larg. 0,474. *Collection J.-M.*

**42 →+ Figure allégorique d'une ville.**

Plume, lavé de bistre, rehaussé d'or sur vélin. Haut. 0,195 ; Larg. 0,256. *Musée du Louvre* (33.658).

---

## BOYVIN (René)

DESSINATEUR-GRAVEUR

*Naquit à Angers puisqu'il a signé nombre de ses estampes* Renatus Andegavensis, *et mourut après 1587, date que porte une pièce de son œuvre (n° 107 de Robert Dumesnil).*

**43 →+ Jason saisit la Toison d'or au temple de Mars.**

Le riche encadrement est dans le style des stucs de Rosso. On lit au-dessous ce quatrain :

« Après avoir eu des monstres victoire
Marche Jason plein de Joye et de gloire
Au temple Mars, où la toison pendoit
Qu'il va saisir. Et emporte à bon droit. »

Porte le n° 13 dans le cadre du sujet central. Au trait de plume très légèrement ombré de sépia. Gravé par le maître dans la suite de la *Conquête de la Toison d'Or* (n° 51 de R. Dumesnil). — Collection Destailleurs.

Haut. 0,182 ; Larg. 0.236. *Collection J.-M.*

**44 →+ Médée s'embarque avec Jason.**

On remarque sur le filet le n° 14, et en-dessous ce quatrain :

« Jason de nuict ayant Colchis quitté
Avec Médée en l'Argo est monté
Pour d'Eetez la Royalle maison
Changer en celle de Pélée, ou Eson »,

Au trait de plume très légèrement ombré de sépia. Gravé par le maître dans la suite de la *Conquête de la Toison d'or* (n° 52 de R. Dumesnil). — Collection Destailleurs.

Haut. 0,182 : Larg. 0.236. *Collection J.-M.*

**45 ↞ Sacrifice antique.**

A la plume. Gravé par Antonio Fantuzzi (Bartsch t. XVI, p. 348, n° 27). [Attribué anciennement à Rosso]. — Legs Gatteaux n° 929.

Haut. 0,282 ; Larg. 0,414. *Ecole des Beaux-Arts.*

**46 ↞ La Danse des Dryades.**

Le dessin a été fait d'après le petit tableau de Rosso qui se trouve dans la bordure du premier grand tableau à gauche de la galerie François I$^{er}$, pour la gravure qu'il a exécutée en contre-partie dans les mêmes dimensions. (N° 74 de Robert Dumesnil) La gravure est exposée au-dessus du dessin.

Peint à l'encre de Chine sur trait de plume. Il est intéressant de comparer notre dessin à la fresque du maître et de constater les altérations dues aux restaurations.

Haut. 0,280 ; Larg. 0,380. *Collection J.-M.*

**47 ↞ La Sorcière.**

Sous le péristyle d'un temple en ruines deux jeunes femmes au buste nu sont assises. Elles semblent discuter avec animation. Devant elles une vieille sorcière au nez crochu est agenouillée tenant une boule dont s'échappe une épaisse fumée. Derrière elle se cachent deux enfants. Fond de paysage.

Plume et sépia. Le sujet de cette étrange composition demeure énigmatique, mais le dessin, notamment dans les yeux et les extrémités paraît bien de la main de Boyvin. Ancien montage fileté vert d'eau.

Haut. 0,432 : Larg. 0,297. *Collection J.-M.*

**48 ↞ Un Plat entre deux Buires.**

Le plat présente sept sujets mythologiques concernant les dieux marins. Ils sont entourés d'une bordure d'écrevisses et de crabes. Les vases sont faits de figures de sirènes et de satyres. Ce dessin était sans doute destiné à la suite d'orfèvreries gravée par le maître. Il est de même dimension, mais nous n'en connaissons pas la gravure. D'ailleurs la suite paraît être restée inachevée. D'apres Robert Dumesnil, elle comporte neuf pieces décrites sous les nos 171 à 179, qui sont, dit-il du plus beau du maitre, et sont de la dimension de notre dessin.

Au trait de plume très légèrement ombré de bistre. — Collection Destailleurs.

Haut. 0,140; Larg. 0,184. *Collection J.-M.*

---

## CARON (Antoine)

*Né vers 1521 (d'après Dimier), travaillait à Fontainebleau dès le règne de François Ier; serait d'après Laborde l'auteur des dessins de l'*Histoire d'Artemise, *dont le recueil est au cabinet des estampes.*

**49 — Midas, le Satyre et les Nymphes.**

A la plume lavé de bistre. — Collection de Chennevières : l'attribution est de sa main (n° 72). Il indique que ce dessin provient de la vente Goyet. — Il a figuré sous le n° 72 à l'exposition des dessins de Chennevières au musee d'Alençon en 1857.

Haut. 0,235 ; Larg. 0,198. *Collection J.-M.*

---

## COUSIN (Jean) le père.

*Naquit vers 1490 et mourut en 1560, comme l'a démontré Maurice Roy dans* Les Deux Jehan Cousin, *Sens 1909.*

**50 — Rencontre de sainte Anne et de saint Joachim.**

A la plume ombré d'encre de Chine. On lit au bas « d J Cousin », d'une écriture gothique. A gauche marque A R D estampé à froid.

Haut. 0.300 ; Larg. 0,360. *Collection J.-M.*

## COUSIN (JEAN) le fils

*Naquit à Sens en 1522, se fixa à Paris où il publia le célèbre* Livre de Portraicture *vers 1571 et dessina pour Jacques Kerver le* Livre de Fortune *qui porte la date de 1568, et ne fut publié que de nos jours. D'après M. Roy, on doit placer l'époque de sa mort vers 1594.*

**51 ⟶ Le Parnasse.**

Frontispice pour le *Premier livre des Meslanges poétiques de I. Vatel. B. 1576.* Cette inscription est en lettres d'or. L'encadrement est très finement exécuté à la plume ombré d'encre de Chine. Le manuscrit du 2e livre des Meslanges de I, Vatel est à la bibliothèque de Chantilly, et débute par un frontispice de la même main que celui-ci. Du premier livre, il ne reste que ce dessin.

Haut. 0,250 ; Larg. 0,175. *Collection J.-M.*

**52 ⟶ Les quatre Éléments.**

Symbolisés par des figures de femmes, dont chacune est accompagnée de symboles caractéristiques, dans des formes ovales encadrées de doubles filets.

A la plume, au simple trait. Ces dessins sont tout à fait dans la manière du célèbre *Livre de fortune.* Dimension de chaque figure :

Haut. 0,120 ; Larg. 0,082. *Collection J.-M.*

**53 ⟶ Modèle d'Orfèvrerie.**

Vasque à trois pieds de griffes supportant un fût triangulaire sur lequel s'élève un palmier entouré de trois rois en armures romaines. Tous regardent un écusson suspendu à une branche du palmier sur lequel on lit *Magnum magna decent.* Sur les côtés du fût sont assis trois personnages dont celui du milieu, seul apparent, tient un parchemin de chaque main. Aux trois angles sont des figures de sphinx. La panse est godronnée et ornée de mascarons encadrés de volutes sur lesquels sont assis des amours portant des cierges allumés. Il semble bien que toute cette allégorie symbolise une alliance.

Exécuté à la plume sur vélin, ombré d'encre de Chine avec légers rehauts d'aquarelle. Découpé et contrecollé sur papier; ancien montage. Ce dessin est exactement de la même main que le frontispice de Vatel exposé sous le n° 51.
Haut. 0,306 ; Larg. 0,202. *Collection J.-M.*

---

## DELEAULNE (ETIENNE)

### DESSINATEUR-GRAVEUR

*D'après La Croix du Maine, naquit à Paris et mourut dans la même ville en 1583, âgé de 87 ans. A exécuté quantité de dessins précieux sur velin. Mariette nous en rapporte le témoignage : « J'ay veu, dit-il, un recueil de desseins de Deleaulne, assez ample, faits la plupart le trait à la plume et lavés sur du vélin, c'était sa manière. »*

**54 →→ Vase d'Orfèvrerie.**

Finement dessiné sur vélin, à la plume et légèrement ombré d'encre de Chine.
Haut. 0,174; Larg. 0,120. *Collection J.-M.*

**55 →→ L'Arbre aux ex-voto.**

Finement dessiné à la plume sur vélin et ombré d'encre de Chine. La mention Rosso 1537 que porte le dessin en établit l'origine. Il semble bien qu'il soit copié en contre-partie sur la composition plus grande du maître dont nous exposons un fragment sous le n° 127.
Haut. 0,150; Larg. 0,210. *Collection J.-M.*

---

## DUBOIS (AMBROISE)

*Venu d'Anvers à Fontainebleau, mourut le 27 dec. 1615 et fut enterré dans l'église d'Avon.*

**56 →→ La Mort de saint Jean-Baptiste.**

Plume ombré d'encre de Chine sur papier gris-brun. — Collection de Chennevières (l'attribution au verso est de sa main).
Haut. 0,182; Larg. 0.252. *Collection J.-M.*

**57 — Clorinde se présente devant Aladin pour mourir au lieu de Sophonisbe.**

Sujet tiré de la *Jérusalem délivrée*, et peint par l'artiste dans le Salon de Clorinde. Sépia rehaussée sur papier bistre. Filigrane : à la grappe. — Collection de Chennevières.

Haut. 0,246 : larg. 0,320 *Collection J.-M.*

**58 — La jeune chrétienne s'accusant d'avoir enlevé les reliques du Temple de Jérusalem. Le roi la condamne aux flammes.**

Sujet de la *Jérusalem délivrée.*

Composition pour la chambre de Clorinde à Fontainebleau. Pierre noire lavé d'encre de Chine, rehaussée de blanc.

Haut. 0,259 ; Larg. 0,289. *Musée du Louvre* (33.563).

**59 — Théagène députe des Eniens arrivant à Delphes et le Cortège des Jeux Pythiens.**

Premier tableau de la suite de *Théagène et Chaneléc* peint pour Marie de Médicis. Le tableau se trouve actuellement dans le deuxième Salon de Saint-Louis.

Sépia rehaussée de blanc sur trait de plume. fond lavé de bistre. — Collection de Chennevières.

Haut. 0,335 ; L. 0.451. *Collection J.-M.*

---

## DUBREUIL (Toussaint)
Paris 1561-1608.

*Fit partie de la seconde école de Fontainebleau au temps d'Henri IV qui, d'après le P. Dan, lui fit repeindre la salle haute du pavillon des Poëles. On raconte dans le journal du règne d'Henri IV, par de l'Estoiles, que notre peintre revenant de Saint-Germain à Paris sur un cheval rétif et qui allait fort dur, fut à son retour surpris d'une colique de* miserere *qui l'emporta en moins de 24 heures, le 22 novembre 1602 (t. I, p. 214.*

**60 →+ Le Christ attaché sur la Croix.**

A la plume fortement ombré de hachures.

Haut. 0,300 ; Larg. 0,200. *Collection J.-M.*

**61 →+ L'Assomption.**

De chaque côté sont agenouillés des donateurs. L'homme est patronné par saint Augustin, la femme par une sainte qui n'a pas de caractéristique apparente.

Plume, encre de Chine et rehauts de blanc. La composition se termine en ogive surbaissée et est destinée à un tableau d'autel.

Haut. 0,160 ; Larg. 0,170. *Collection J.-M.*

---

## DU CERCEAU (JACQUES ANDROUET)

### ARCHITECTE, DESSINATEUR ET TRÈS HABILE GRAVEUR

*On présume qu'il naquit à Paris vers 1515. Il travailla d'abord à Rome, puis en 1549 à Orléans où il fonda un atelier de gravure, et enfin à Paris où il publia en 1559 son* « Premier livre d'architecture » *contenant les vues et le plan du château de Fontainebleau qui ont permis de se rendre compte de toutes les transformations ultérieures. Palluche dit dans son* « Essai sur Orléans 1778 » *qu'il mourut dans cette ville vers 1585. D'autres auteurs le font mourir à Turin, mais n'apportent aucune preuve.*

**62 →+ Partie de Rétable.**

Richement orné et offrant quatre statuettes de vierges martyres. Finement dessiné à la plume sur velin, et fortement ombré d'encre de Chine. — Collection Destailleurs.

Haut. 0,275 ; Larg. 0,188. *Collection J.-M.*

**63 →+ Deux Dagues.**

Dans leurs gaines ornées de délicats rinceaux. A la plume ombré d'encre de Chine sur velin.

Haut. 0,275 ; Larg. 0,190. *Collection J.-M.*

**64 →+ Vase d'orfèvrerie.**

Richement orné. Plume et encre de Chine sur vélin.
Haut. 0,250 ; Larg. 0,135. *Collection J.-M.*

**65 →+ Deux Vases.**

D'un très riche décor surmontés de leurs couvercles. Finement dessinés à la plume et ombrée d'encre de Chine sur velin.
Haut. 0,235 ; Larg. 0,180. *Collection J.-M.*

---

## DUMÉE (Guillaume)

Vivait au XVIe siècle.

*Mariette en dit qu'il était contemporain d'Ambroise Dubois et de Toussaint Dubreuil, et travaillait conjointement avec eux dans la même manière.*

**66 →+ La Sainte Cène.**

Sépia sur trait de plume, dessiné au verso sur les mêmes traits, mais un peu plus marqués. Tiré au carré pour l'exécution d'un tableau. Filigrane : à la grappe. — Collection de Chennevières.
Haut. 0,224 ; Larg. 0,370. *Collection J.-M.*

**67 →+ Sophonisbe et Clorinde délivrées du supplice.**

Plume, bistre et rehauts de blanc. Ce sujet appartient à la suite de la Jérusalem délivrée. On lit à droite d'une vieille écriture « *Du Meet* », ce qui confirme l'assertion de Mariette rapportée dans l'Abécédère que Dubois et Dumée travaillaient ensemble et dans la même manière. Collection de Chennevières.
Haut. 0,260 ; Larg. 0,340. *Collection J-M.*

## DUMONSTIER (Geoffroy)

*D'après Robert Dumesnil, l'artiste serait né vers 1500 et florissait vers 1543 et 1547. On connaît de lui des dessins de vitraux au Musée du Louvre. Son œuvre gravée est de 22 pièces.*

**68 →+ La Charité.**

Femme debout tenant un enfant, une colombe vole près d'elle. (Dimier, *Primatice*, p. 485.) Charmant dessin à la plume, très légèrement ombré de bistre. — Collection de Chennevières.

Haut. 0,260; Larg. 0,610. *Collection J.-M.*

**69 →+ La Prédication du Christ.**

Le Christ est assis à droite sur une estrade de deux degrés. Il est auréolé d'angelots. L'auditoire est réparti en groupes harmonieusement disposés. Modèle de vitrail divisé en cinq registres par des lignes verticales. Il est de la même main que ceux du Louvre. A la plume ombré de bistre. — Marque de collection A. P. L.

Haut. 0,255; Larg. 0,377. *Collection J.-M.*

---

## FREMINET (Martin)

*Né à Paris en 1567, mourut à l'Abbaye de Barbeaux, où il fut enterré en 1619. On lui doit la décoration de la Chapelle du Saint-Esprit.*

**70 →+ La Résurrection.**

Plume, bistre et rehauts de gouache blanche, légèrement oxydée à certains endroits. — Collection de Chennevières.

Haut. 0,490; Larg. 0,370. *Collection J.-M.*

## FREMINET (atelier de)

**71 →+ Jésus chassant les vendeurs du Temple.** A gauche : **Une Mythologie.**

Ce sont des reports au trait de sanguine de sujets exécutés par l'artiste sur la voûte de la chapelle du Saint-Esprit. Filigrane : un cercle étoilé de rayons avec un monogramme illisible au centre.

Haut. 0,340 ; Larg. 0,430. *Collection J.-M.*

---

## GUINET (Gilles)

*Nous ne trouvons rien sur ce peintre. M. de Chennevières se demande si ce n'est pas le fils de Claude Guinet mentionné par Nathalis Rondot comme travaillant à Lyon de 1493 à 1512. Ce dernier était peintre sculpteur.*

**72 →+ L'Espérance.**

Une femme pose la main sur le bras d'un savant assis sur une ancre de grande dimension et tenant une tablette sur ses genoux, tandis qu'une autre femme dégage avec une pelle l'extrémité de l'ancre à demi enfouie.

Le nom de Gilles Guinet sur le dessin est d'une écriture déjà ancienne ; plume, encre de Chine et rehauts de blancs. — Collection de Chennevières.

Haut. 0,132 ; Larg. 0,177. *Collection J.-M.*

---

## LE MERCIER, ORNEMANISTE (XVIe SIÈCLE)

*Nous ne trouvons rien sur cet artiste, mais au XVIIe siècle, nous voyons surgir toute une dynastie de Le Mercier dont le célèbre architecte Jacques, habile dessinateur dit Robert Dumesnil, qui le fait naître à Pontoise vers 1590 et mourir à Paris en 1660. Notre artiste serait un de ses ascendants.*

**73 →+ Bassin d'orfèvrerie.**

La panse est ornée de cartouches encadrés de figures ailées et de mascarons. Le bord et la base sont garnis de perles et de feuilles d'acanthe. A droite est une anse munie d'un anneau. A la plume ombré d'encre de Chine sur vélin. Signé : Le Mercier.

Haut. 0,205 ; Larg. 0,337. *Collection J.-M.*

---

## NICOLO (DELL' ABBATE)

*Né à Modène, travailla à Parme; arriva en France vers 1552, mourut en 1572 (Dimier); fut l'un des principaux collaborateurs de Primatice, notamment dans la salle de bal et la galerie d'Ulysse, — prit le nom dell' Abbate par égard pour son maître, nommé Abbé de Saint-Martin de Troyes en 1544.*

**74 ⟶ Moïse sauvé des eaux.**

Plume, lavé de bistre, rehaussé de blanc. — Collection His de la Salle (Cat. Tauzia, 1).

Haut. 0,360 ; L. 0,260. *Musée du Louvre* (RF. 569).

**75 ⟶ La Vie de la Vierge.**

Rétable divisé en cinq compartiments par d'élégantes colonnettes et de délicats rinceaux supportant des mascarons. Ils représentent en allant de gauche à droite : 1° la naissance de la Vierge; 2° la Visitation; 3° (au centre) la mort de la Vierge, surmontée de l'Assomption ; 4° le Mariage et 5° l'Annonciation. Le nom de Nicolo se trouve sur un degré du Temple du 2° panneau. Finement dessiné au trait de plume ombré de bistre. Filigrane : *au pot d'étain*. — Collection Beurdeley.

Haut. 0,162 ; Larg. 0,342. *Collection J.-M.*

**76 ⟶ Anges portant les Instruments de la Passion.**

8 dessins à la plume, lavés de bistre et rehaussés de blanc au pinceau. Contours piqués pour servir de poncif. — Ancienne collection Armand. — Don de Mme Valton (1908).

H. 0,225 ; L. 0,135 ch. *Éc. des Beaux-Arts*, (34.968).

**77 ⟶ Le Christ au Jardin des Oliviers.**

A la plume, lavé de bistre et rehaussé de blanc. Contours piqués pour poncif. Serait un modèle pour un émail exécuté par Léonard Limousin (au Louvre). Forme ovale. — Anc. collection Desperet (n° 92) et Armand. — Don de Mme Valton (1908).

H. 0,225; Larg. 0,175. *Éc. des Beaux-Arts* (34.771).

**78 ⟶ Le Parnasse.**

A la plume, lavé de bistre et rehaussé de blanc au pinceau. Gravé en petit par Etienne Delaune, (V. Dimier, le Primatice, p. 480). — Gravé par Étienne Delaune.

Il existe des répliques de ce dessin au Louvre (exposé sous le n° 83) à Windsor, à l'Ermitage et à l'Albertine, cette dernière sous le nom de Primatrice, (Dimier p. 480); Exposé aux Beaux-Arts en 1869 sous le n° 161),

Anc. collection Destaillleurs et Armand-Valton. —

Haut. 0,299; Larg. 0,285. *Ecole des Beaux-Arts.*

**79 ⟶ Jupiter et Junon.**

Plume, lavé d'encre de Chine, rehaussé de blanc, sur papier teinte de jaune-vert. — Collection His de la Salle. (Cat. Tauzia 2). — Anc. collection Revil. (Vente 1842, n° 7).

Haut. 0,330 ; Larg. 0,260. *Musée du Louvre* (572).

**80 ⟶ Jupiter et Sémélé.**

Crayon, lavé de bistre, rehaussée de blanc. — On lit en bas : *Nic. Labad.*

Haut. 0,326 ; Larg. 0,229. *Musée du Louvre* (5847.)

**81 ⟶ Le Parnasse.**

Plume, lavé de bistre, rehaussé de blanc. — On lit en bas : *Nicolas Labadj.*

Haut. 0,268 ; Larg. 0,270. *Musée du Louvre* (5855.)

**82 —— Six Femmes debout et dansant.**

Plume, lavé d'encre de Chine, rehaussé de blanc. Collection His de la Salle. (Cat. Tauzia 3).

Haut. 0,310 ; L. 0,340. *Musée du Louvre* (571).

**83 —— Renommée (poncif).**

Au pinceau, lavé de bistre, rehaussé de blanc, passé à la pointe. — On lit à gauche : *Nicollesæ* — Ancienne collection de la Noüe.

Haut. 0,435 ; Larg. 0,353. *Musée du Louvre* (5887).

**84 —— Décoration architecturale, sans doute destinée à être reproduite en stuc.**

L'épée que tient, la pointe en haut, le génie assis au-dessous du cartouche, semblerait indiquer que cette décoration a été exécutée pour le connétable de Montmorency, soit à Paris, dans l'hôtel de la rue Saint-Avoye, soit à Chantilly ou Ecouen.

Plume, lavé de bistre, rehaussé de blanc. — Collections : His de la Salle (Cat. Tauzia 4) ; Mariette ; Zoomer ; de Lagoy ; Sir Th. Lawrence.

Haut. 0,250 ; Larg. 0,375. *Musée du Louvre* (570).

---

## NICOLO (École de Nicolo dell' Abbate)

**85 —— Vierge agenouillée.**

A la plume, lavé de bistre et rehaussé de blanc au pinceau. — [Attribué précédemment à l'Ecole romaine]. — Legs Gatteaux. (12.065.)

Haut. 0,279 ; Larg. 0,171. *Ecole des Beaux-Arts.*

---

## LUCA PENNI

*Naquit à Florence vers 1500, travaillla à Fontainebleau avec Rosso et Primatice ; travailla également en Angleterre à la cour de Henri VIII ; on ignore l'époque de sa mort.*

**86 — Le Jugement de Pâris.**

Imitation de la composition de Raphaël.

Plume, lavé d'encre de Chine, rehaussé de blanc. — Signé « Luc Pennis » sur la rame du dieu fleuve. — Inv. Jabach n° 191.

Haut. 0,315 ; Larg. 0,445. *Musée du Louvre* (1.395).

**87 — La Toilette de Vénus devant le dieu Mars.**

Plume, lavé d'encre de Chine, rehaussé de blanc. — Inv. Jabach, n° 192.

Haut. 0,335 ; L. 0,455. *Musée du Louvre* (1396).

**88 — Le Cheval de Troie.**

Plume, lavé d'encre de Chine, rehaussé de blanc. — Signé en bas à droite : *Luc Pennis*. — Inv. Jabach, n° 189.

Haut. 0,325 ; L. 0,445. *Musée du Louvre* (1.399).

---

## PENNI (attribué à LUCA)

**89 — Femme au bain.**

A la plume et au bistre. La femme se trouve dans un groupe, gravé par un anonyme de l'Ecole de Fontainebleau (*Bartsch*, t. XVI, p. 415). La gravure est dans le même sens que le dessin. Anc. Collection Desperet (n° 97) et Armand. — Don de Mme Valton (1908). (34.783.)

Haut. 0,265 ; Larg. 0,133. *Ecole des Beaux-Arts.*

---

## JACQUE PREVOST DE GRAY (?)

*Peintre, sculpteur et graveur, naquit à Gray au commencement du XVIe siècle. On connait de lui 19 estampes gravées entre 1535 et 1547, parmi lesquelles un portrait de François Ier. On ignore l'époque de sa mort.*

**90 →+ François Ier.**

Plume et lavé d'encre de Chine. Porte la marque de Coypel. — Collection de la Noüe et Jabach.

Haut. 0,241 ; Larg. 0,126. *Musée du Louvre.*

---

## PRIMATICE (François)

*Né à Florence en 1505 ; travailla à Bologne ; fut appelé à Fontainebleau par François Ier en 1532 ; fut nommé abbé de Saint-Martin de Troyes en 1544 d'où le nom de Saint Martin qu'on relève sur plusieurs de ses dessins. Il mourut à Fontainebleau en 1570. Souvent désigné sous les noms de Bologne, Boullongne et Saint-Martin.*

**91 →+ Martyr cloué à un arbre.**

Sépia, trait repris à la plume. (N° 232 de Dimier.) — Collection de Chennevières.

Haut. 0,212 ; Larg. 0,131. *Collection J.-M.*

**92 →+ Le Concert des Dieux.**

En forme de lunette. C'est la partie gauche de la fresque de la tribune dans la Salle de Bal, jusqu'à la porte basse qui la divise aux deux tiers. On lit sur un degré le mot « *Bolognese* » d'une écriture du temps. C'est le n° 226 du catalogue des dessins de l'artiste dressé par Dimier. Finement dessiné à la plume et très légèrement ombré de sépia. — Collection de Chennevières.

Haut. 0,335 ; Larg. 0,527. *Collection J.-M.*

**93 →+ Hermaphrodite.**

Assis sur un nuage, enseigne à l'Amour à lancer un dard.

A la plume, ombré de bistre et rehaussé de blanc sur papier gris. Mis au carreau. (N° 228 de Dimier.) — Collections : Lawrence, de Chennevières.

Haut. 0,195 ; Larg. 0,238. *Collection J.-M.*

**94 →→ Diane.**

Elle est debout appuyée sur son arc et prend une flèche dans son carquois.

Sépia, le trait de plume paraît d'une main postérieure. (N° 230 de Dimier.) — Collection de Chennevières.

Haut. 0,272 ; L. 0,100. *Collection J.-M.*

**95 →→ L'Automne sous la figure de Bacchus.**

A la plume, lavé de bistre et rehaussé de blanc. Dessin de la composition peinte au 11e compartiment de la voûte de la galerie d'Ulysse. Exécuté entre 1547 et 1559. [V. Dimier, le Primatice, p. 298 et 470 (n° 234 du catalogue des dessins)]. Composition gravée par Ferdinand Elle (n° 101 du catalogue Dimier). — Collection His de la Salle et Armand. — Don de Mme Valton (1908). (34.156.).

Haut. 0,222 ; Larg. 0,128. *Ecole des Beaux-Arts.*

**96 →→ Diane.**

Au milieu des faunes, dans un fond de paysage, avec une ville à l'arrière-plan.

On lit sur le dessin « Bologne » d'une écriture ancienne. Au trait de plume légèrement ombré de sépia. — Collection de Chennevières, qui a noté l'avoir acquis à la vente Guichardot.

Haut. 0,265 ; Larg. 0,238. *Collection J.-M.*

**97 →→ Le Conseil des Dieux.**

Plume, lavé de bistre, rehaussé de blanc. Morceau principal du 1er compartiment de la voûte de la galerie d'Ulysse. Gravé chez Jérôme Cock, entre 1541 et 1547. — Collection Mariette. — Dimier 24.

Haut. 0,383 ; L. 0,338. *Musée du Louvre* (8.537).

**98 → Le Festin des Dieux.**

Pour le plafond de la galerie d'Ulysse. Plume, lavé de bistre, rehaussé de blanc. Un autre dessin plus complet de cette composition est au Musée du Louvre. — Dimier 116. — Collections : His de la Salle (Cat.- Tauzia 87) ; Mariette ; Th. Lawrence.

Haut. 0,340 ; Larg. 0,440. *Musée du Louvre* (8.535).

**99 → Les Cyclopes dans la Forge de Vulcain.**

Plume, lavé de sanguine. Composition gravée par le monogrammiste F. G. et peinte sur la cheminée du cabinet du Roi entre 1541 et 1545. — Inv. Jabach, n° 167 de l'Ecole florentine.

Haut. 0,312 ; Larg. 0,418. *Musée du Louvre* (8.533).

**100 → Pâris blessé porté sous les murs de Troie.**

Esquisse pour la décoration de la voûte du vestibule de la Porte Dorée. Plume, lavé de bistre, rehaussé de blanc, mis au carreau. Gravé par le monogrammiste F. G. Voir Hubert. Vers 1541-1544. — Dimier 55.

Haut. 0,243 ; Larg. 0,376. *Musée du Louvre* (8.567).

**101 → Jupiter? ou plutôt un roi grec.**

Plume, lavé de jaune, rehaussé de blanc. Mariette a marqué sur la monture que le sujet fut peint à la voûte de la galerie d'Ulysse. C'est une erreur. C'est le dessin pour « le Roi qui se fait tirer d'un œil » mentionné aux Comptes des Bâtiments comme peint sur une armoire du Cabinet du Roi (I. p. 203). Le roi représenté est sans doute Zaleucus. Entre 1541 et 1545. — Dimier 27. — Collection Mariette.

Haut. 0,221 ; Larg. 0,129. *Musée du Louvre* (8.540).

**102 ↠ Vénus et l'Amour.**

Plume lavé d'encre de Chine. Composition gravée par le monogrammiste L. D. et peinte à l'un des tympans des arcades dans la galerie Basse ou Salle du Conseil vers 1540. — Dimier 44.

Haut. 0,207; Larg. 0,160. *Musée du Louvre* (8.557).

**103 ↠ Junon (écoinçon).**

Plume, lavé d'encre de Chine. Porte les marques de Coypel et de Robert de Cotte. — Dimier 45.

Haut. 0,204; Larg. 0,156. *Musée du Louvre* (8.558).

**104 ↠ Le banquet d'Alexandre.**

Plume, lavé, de bistre et rehaussé de blanc. Gravé par Dominique Florentin. Peint dans la chambre de la duchesse d'Etampes. — N° 8.569. — Inv. Jabach n° 142 de l'Ecole Florentine.

Haut. 0,257; Larg. 0,374. *Musée du Louvre* (8.569).

**105 ↠ La bonne Aventure.**

Une jeune femme, à demi couchée sur un lit de repos, converse avec une vieille sorcière debout au pied du lit, vêtue de haillons, nu-pieds, et appuyée sur un bâton. La jeune femme de profil, a les épaules et les bras découverts. Ses formes élégantes se détachent sous les plis de la robe : elle est chaussée de cothurnes. Une draperie festonnée l'abrite. L'ensemble de la composition est d'une suprême élégance. Nous ne connaissons rien de plus caractérisé dans l'œuvre du maître.

Peint au lavis de sanguine avec rehauts de gouache blanche.

Haut. 0,350; Larg. 0,305. *Collection J.-M.*

**106 ↠ Un Fleuve (Le Nil).**

A la plume et au bistre, relevé de blanc au pinceau. Gravé par Etienne Debaune (Rob. Dum. 101 et Dimier, le Primatice, estampes n° 83). Dessin pour un des sujets du 10e compartiment de la voûte de la galerie d'Ulysse à Fontainebleau. Exécuté entre 1547 et 1559 (Dimier, le Primatice p. 299 et 445. Catalogue des dessins de Primatice, n° 123). — Don His de la Salle. — Anc. collection Mariette.

H. 0,185 ; L. 0,270. *Ecole des Beaux-Arts* (2.849).

**107 ↞ Un Fleuve (le Gange)**

A la plume et au bistre, relevé de blanc au pinceau. — Don His de la Salle. — Anc. collection Mariette.

Haut. 0,170 ; Larg. 0,280. *Ecole des Beaux-Arts* (2.848).

**108 ↞ Le Globe terrestre éclairé successivement par le Soleil et par la Lune.**

Au centre : le mot *Antipodi*. Plume, lavé de bistre, rehaussé de blanc. (Dimier, 8). sujet principal du « 3e compartiment de la voûte de la galerie d'Ulysse » appelé les Antipodes par Guilbert. Date : entre 1541 et 1547.

Haut. 0,356 ; Larg. 0,478. *Musée du Louvre* (8658).

**109 ↞ Deux Vieillards à demi étendus.**

Étude à la sanguine, relevé de blanc au pinceau. — Anc. Collection J. Lawrence et Armand. — Don de Mme Valton (1908).

H. 0,137 ; L. 0,239. *Ecole des Beaux-Arts* (34.835).

**110 ↞ Deux Figures de femmes nues.**

Dont l'une assise de face et l'autre debout en partie coupée.

A la pierre noire.

Haut. 0,244 ; Larg. 0,192. *Collection J.-M.*

**111 ↞ Cinq études de draperies sur des jambes pliées.**

Sanguine gouachée de blanc. (N° 233 de Dimier). — Collection de Chennevières.

Haut. 0,214 ; Larg. 0,257. *Collection J.-M.*

**112 →→ Étude d'homme nu.**

Il est étendu à terre, appuyé sur son bras droit.

A la sanguine rehaussée de gouache blanche. (N° 229 de Dimier.) — Collections : Lawrence, de Chennevières.

Haut. 0,114 ; Larg. 0,190. *Collection J.-M.*

**113 →→ La Justice.**

Plume, lavé de jaune, rehaussé de blanc. Pendant du n° 8.540. Mentionné également dans les Comptes des Bâtiments comme peint sur une armoire du Cabinet du Roi. — Dimier 37.

Haut. 0,219 : Larg. 0,126. *Musée du Louvre* (8.550).

---

## PRIMATICE (École du)

**114 →→ Jeux d'Amours.**

Amours jouant dans un bois et se jetant des pommes. L'un d'eux vient d'attraper un lapin et le maintient par terre entre ses bras.

Au trait de plume très légèrement ombré de sépia. Des sujets semblables ont été gravés par des maîtres anonymes de Fontainebleau. notamment le n° 63 de *Bartsch* (t. XVI, p. 400) et le n° 70 (t. XVI, p. 403).

Haut. 0,240 ; Larg. 0,280. *Collection J.-M.*

**115 →→ L'Abondance.**

Pierre noire, rehaussé de blanc, fond lavé de bistre.

Haut. 0,321 ; Larg. 0,183. *Musée du Louvre* (8.628).

**116 →→ L'Automne.**

A la plume et au bistre en forme de pendentif. Ancienne attribution à Jules Romain. — Don de Mme Valton (1908). (34.760). — Collection Armand.

Haut. 0,191 ; Larg. 0,228. *École des Beaux-Arts.*

## PRIMATICE (d'après)

**117 ↠ Diane réveillant Endymion.**

Le sujet fut peint par Primatice à la voûte du vestibule de la Porte Dorée. Le dessin du maître est aux Offices à Florence et fut gravé par le monogrammiste J.-V. On lit en bas du dessin, d'une écriture du temps : « à Fontane-belleau de son Poor Doré ».

Sanguine. — Collection de Chennevières.

Haut. 0,222 ; Larg. 0,337. *Collection J.-M.*

---

## QUESNEL (Pierre)

*D'après les documents publiés par M. F. Raiset, Pierre était le chef de la dynastie des Quesnel qui donna des peintres jusqu'au milieu du* XVII^e^ *siècle. Il était originaire d'Ecosse où il naquit dans les premières années du* XVI^e^ *siècle. Il s'y maria et vint s'établir en France où il vivait encore en 1580. En 1557, il avait donné le dessin d'une grande verrière pour l'église des Augustins.*

**118 ↠ Le Bon Pasteur.**

Adoré par un donateur agenouillé devant lequel on voit à terre une mitre, une crosse, une couronne de baron et un chapeau de cardinal. Le fond est un paysage où on voit circuler une foule de personnages. A droite est une inscription latine qui est l'invocation prononcée par le donateur. On lit à gauche « du cotté du fossé », ce qui indique l'emplacement que devait occuper ce projet de fresque ou de vitrail.

A la plume rehaussé de vermillon clair. Exposition d'Alençon 2857, n° 73. — Collection de Chennevières, qui indique au verso qu'il avait acheté ce dessin d'un marchand, rue Laffite.

Haut. 0,180 ; Larg. 0,255. *Collection J.-M.*

**119 ↠ La Naissance, le Baptême et l'Education d'un Prince.**

Les trois motifs sont disposés dans le péristyle, une chambre et la cour d'un palais. Ils sont séparés par des colonnes et forment une sorte de triptyque.

Signé « P. Quesnel ». A la plume ombré de lavis bleuâtre. Mis au carré pour agrandissement. — Collections : His de la Salle, de Chennevières.

Haut. 0,150 ; L. 0,282. *Collection J.-M.*

**120 →→ Un Temple à trois nefs, d'ordre corinthien.**

On lit au bas à droite « Pierre Quesnel ». A la plume teinté d'encre de Chine. — Collection de Chennevières.

Haut. 0,200 ; L. 0,290. *Collection J.-M.*

---

## QUILLET (Aloys)

*On ne trouve aucun renseignement sur cet artiste.*

**121 →→ La Communion mystique de sainte Catherine de Sienne.**

Au crayon renforcé de traits de plume. Signé. — Collection de Chennevières, une note de sa main au verso du montage nous apprend que c'est le même sujet et presque la même composition que le fameux tableau de Nicolas Quentin, loué par Poussin, et que l'on voit à Dijon dans l'église de l'hospice Sainte-Anne.

Haut. 0,235 ; Larg. 0,170. *Collection J.-M.*

---

## ROSSO (dit Maitre Roux)

*Naquit à Florence vers 1496, arriva à Fontainebleau vers 1531. Son principal ouvrage est la Galerie de François Ier pour la peinture et les stucs. Collabora avec le Primatice, puis entra en rivalité avec lui, et enfin, d'après Vasari, se tua de désespoir pour avoir fait mettre à la torture Pellegrin, son élève, qu'il accusait de l'avoir volé. Celui-ci, reconnu innocent, se vengea par un pamphlet si piquant qu'il provoqua la mort du maître en 1541.*

**122 →+ L'Annonciation.**

La Vierge est agenouillée à droite, vivement éclairée par les rayons du Saint-Esprit. A gauche, l'Ange annonciateur portant un lys est prosterné. Un groupe d'anges et d'angelots se pressent derrière lui.

A la plume, ombré de bistre, et rehaussé de gouache blanche. Le nom de Rosso se trouve à droite. Gravé en contrepartie dans la même dimension par René Boyvin (n° 5 de l'œuvre, Robert Dumesnil).

Haut. 0,262 ; Larg. 0,495. *Collection J.-M.*

**123 →+ Pomone.**

Elle est assise, de profil à gauche, une jambe étendue, l'autre repliée, le bras gauche appuyé sur une corbeille de fruits. Deux amours l'accompagnent, l'un appuyé sur sa jambe gauche, l'autre debout derrière la corbeille.

Au bistre, sur trait de plume, avec rehauts de blanc sur papier gris jaunâtre.

Haut. 0,165 ; Larg. 0,269. *Collection J.-M.*

**124. →+ Pandore.**

A la plume et au bistre. — Anc. Collection Armand. — Don de Mme Valton (1908).

H. 0,242 ; L. 0,393. *Ecole des Beaux-Arts* (34.886).

**125 →+ L'Education d'Achille.**

A la plume et au bistre. Esquisse pour une des peintures de la galerie de François Ier à Fontainebleau. (Reprod. dans l'*Œuvre d'Art*, sept. 1897 et les *Arts*, avril 1905. Art. de Dimier : *Origines de la peinture française*). — Anc. collection Mariette, Robert Sidney et William Esdaile. — Don His de la Salle. (2842.)

Haut. 0,332 ; Larg. 0,454. *Ecole des Beaux-Arts.*

**126 →→ Incendie de Troie.**

A la plume et au bistre. Attribué par Mariette au Primatice. Gravé par un anonyme de l'Ecole de Fontainebleau (avec variante dans l'architecture du fond). *Bartsch*, XVI, p. 413, n° 93. — Don de Mme Valton (1908). — Anc. collection Mariette et Armand

H. 0,368 ; L. 0,276. *Ecole des Beaux-Arts* (34923).

**127 →→ L'Arbre aux ex-voto.**

Des jeunes gens transportent un vieillard au pied d'un arbre noueux. Un autre grimpé sur l'arbre accroche un ex-voto au milieu de plusieurs autres.

Plume, sépia et rehauts de blanc au pinceau. Un dessin exposé d'autre part donne en contrepartie la copie de celui-ci qui a été coupé et n'est que la moitié de la composition. Ce dernier dessin gravé par Deleaune dans sa dimension, porte l'inscription : « Rosso 1537 » qui doit s'appliquer à celui-ci dont il est une réduction faite pour la gravure.

Haut. 0,270; Larg. 0,170. *Collection J.-M.*

**128 →→ Grand Vase d'orfèvrerie.**

Très richement décoré. A l'encre de Chine sur vélin découpé et contrecollé sur papier. L'attribution Rosso est d'une écriture ancienne. — Collection Destailleurs.

Haut. 0,390 ; Larg. 0,176. *Collection J.-M.*

**129 →→ Rinceaux de Feuillages.**

Où l'on remarque l'Amour décochant une flèche sur une jeune femme nue.

Plume et sépia.

Haut. 0,102 ; Larg. 0,205. *Collection J.-M.*

## ROSSO (École de)

**130 → La Manne dans le désert.**

A la plume et au bistre. Composition divisée en trois parties : projet de vitrail. Attribué anciennement à Vasari, puis à Perino del Vaga. — Anc. Collection Vivant-Denon. — Legs Gatteaux (109).

Haut. 0,243 ; Larg. 0,391. *Ecole des Beaux-Arts.*

**131 → Calliope.**

Plume, ombré d'encre de Chine sur papier brun dans une forme ovale. Ce dessin est tout à fait sous l'influence du Rosso, à qui on serait tenté de l'attribuer.

Haut. 0,198 ; Larg. 0,276. *Collection J.-M.*

**132 → Erato.**

Le dessin, fait à la plume, et ombré d'un lavis d'encre de Chine, est inscrit dans une forme ovale. Il est sur papier brun.

Haut. 0,200 ; Larg. 0,280. *Collection J.-M.*

---

## THIRI (Léonard)

*Nous ne trouvons rien sur sa naissance, mais il est originaire des Flandres. Il fut appelé à Fontainebleau sous la direction de Rosso et y toucha ses gages à partir de 1538. Dimier cite, d'après Kramm, deux dessins de vitraux faits pour Saint-Laurent et pour l'église des Cordeliers.*

**133 → Jonas sortant du ventre de la baleine.**

Signé « L Thiri F ». Dessin compartimenté pour vitrail, à la plume et lavé de bistre.

Haut. 0,210 ; Larg. 0,222. *Collection J.-M.*

**134 -+ Adam et Ève dans le Paradis terrestre.**

A gauche, Dieu le Père parlant à Ève au milieu des animaux; à droite, l'Ange chassant Adam et Eve du Paradis. En haut, on voit la main de Dieu dans un nuage.

Signé à gauche « L Thiri Fec ». Dessin à la plume et au lavis de bistre, compartimenté pour l'exécution en vitrail.

Haut. 0,200; Larg. 0,216. *Collection J.-M.*

**135 -+ Le Baptême du Christ.**

Il est auréolé et debout dans une cuve baptismale ornée de têtes d'anges, au milieu d'un groupe de disciples. Le fond est un paysage traversé par un cours d'eau où d'autres fidèles reçoivent le baptême.

Signé à gauche « L Thirri F ». Dessin compartimenté pour vitrail, à la plume et lavis de bistre. On lit sur le montage « *Provenance H* ».

Haut. 0,200; Larg. 0,218. *Collection J.-M.*

**136 -+ Mars et Vénus surpris par Vulcain.**

Plume et sépia dans une forme ovale. Signé à droite « Léonard Thiri f). Filigrane : lettres P. B. dans un écu à couronne fleurdelysée.

Haut. 0,215; Larg. 0,288. *Collection J.-M.*

**137 -+ Psyché surprenant l'Amour.**

Plume et lavis de sépia. — Collection de Valori.

Haut. 0,232; Larg. 0.334. *Collection J.-M.*

**138 -+ Feuille de Vases richement ornés.**

On y voit une buire, deux coupes évasées et deux vases à couvercles surmontés de personnages debout.

Plume et aquarelle. — Collection de Chennevières.

Haut. 0,375; L. 0,230. *Collection J.-M.*

# PHOTOGRAPHIE

**139 →← Six pièces d'une Tenture de tapisserie de la Grande Galerie de Fontainebleau.**

Elle représente professions du Royaume unies pour le service du roi. — Piété filiale de Cléobis et Piton. — Vénus pleurant la mort d'Adonis. — Sujet inconnu. — Combat des Lapithes et des Centaures. — Danaé visitée par Jupiter sous la forme d'une pluie d'or.

Cette tenture, unique en son genre, appartient au garde-meuble impérial de Vienne. Elle a été tissée à Fontainebleau, par ordre de François Ier, d'après les décorations : peintures à fresque et stucs, encore existantes dans la galerie du château entre 1541 et 1547, par les tapissiers Pierre et Jean Lebries. Pierre Philbert, Pasquier, Mailly, Jean Tessier, Pierre Blasset, Jean Marchay, Nicolas Eustade, Nicolas Gaillard, Louis Durocher, Claude Lepelletier, sur les cartons de Claude Badouin. Tréchet, rentrayeur à Vienne, les a réparées en 1690, en y plaçant la lettre I, initiale de Joseph d'Autriche, roi de Hongrie, empereur en 1705.

(Note de Dimier.)

# RELIURES

140 ↠ **Bembo (Pietro).** — Poésies. Venise, Giov.-Ant. de Nicolini da Sabio. 1525. in-8°. — Veau brun, aux armes de François Ier, roi de France (1494-1547). — (Bibl. Mazarine, n° 10955 A).

141 ↠ **Bouvelles (Charles de).** — Livre singulier et utile touchant l'art et pratique de Géométrie. Paris, 1542, in-4°, maroquin noir; aux armes, chiffres et emblème de François Ier; tr. dorées et ciselées. — Vente de Lignerolles, 1894, n° 585. — Vente Robert Hoë, 1911, n° 306. — (Collection Hector Lefuel.)

142 ↠ **Guerare (Antoine de).** — « Du mespris de la court et de la louange de la vie rustique. » Traduit de l'espagnol par Antoine Alaigre. Lyon, Pierre de Tours, 1542, in-8°. — Veau, exécutée pour François II (1544-1560), alors qu'il n'était encore que dauphin (avant le 10 juillet 1559). — (Bibl. Ste-Geneviève, S 8° 154).

143 ↠ **Apolinarii** interpretatio psalmorum versibus herwicis. Ex bibliotheca regia. Texte grec. Parisiis, apud Adr. Turnebum, 1552, in-8°. — Veau blanc, aux armes et au chiffre d'Henri II, roi de France (1518-1559). Tranches ciselées et dorées. Fermoirs. — (Bibl. Ste-Geneviève, A. 8° 473).

**144** →← **Diges'orum** seu Pandectarum. T. I. — Florentiae, in officina Laurentii Torrentini... 1553, f°. — Maroquin citron mosaïqué de rouge, noir et vert, fleurons et filets courbes, tranche ciselée et dorée. Au centre armes d'Henri II (1518-1559) et de Diane de Poitiers. Au dos chiffres mosaïqués d'Henri et de Diane. — Bibl. Mazarine.)

**145** →← **Digestorum** in Pandectarum. T. III. — Florentiae in officina Laurentii Torrentini... (1553)... f°. — Maroquin rouge mosaïqué de noir et de jaune : fleurons, feuillages et filets courbes, dos orné, tranche ciselée. Au centre, armes d'Henri II (1518-1559) et de Diane de Poitiers. On retrouve sur les bords l'H, les D et les croissants entrelacés de Diane. — (Bibl. Mazarine.)

**146** →← **Du Molin (Charles).** — Secunda Paris commentariorum Analyticorum in consuetudines Parisienses. Paris, 1558, in-f°; veau brun aux armes et au nom d'Henri II; tr. dorées. — Sur le 1er feuillet longue dédicace autographe de l'auteur au Roi alors « au camp d'Amyens ». — (Collection Hector Lefuel.)

**147** →← **Alberti (Leandro).** — Descrittione di tutta Italia di Fr. Leandro Alberti Bolognesa... Bologna, Ans. Giaccarelli, 1550, f°. — Mosaïque, entrelacs, fleurons et filets courbes. dos orné, tranche ciselée et peinte. Au centre de chacun des plats, armes de Catherine de Médicis, reine de France, femme d'Henri II (1519-1589). — (Bibl. Mazarine.)

**148** →← **Livre d'Heures.** — Manuscrit de la seconde moitié du xve siècle orné de miniatures. — Reliure en maroquin brun, dite à la Fanfare, aux armes de Catherine de Médicis, reine de France (1519-1589). — (Bibl. de l'Arsenal, ms. 1180.)

**149** ↞ **Inventaire** des vaisselles et joyaulx d'or et argent doré, pierres, bagues, cymeterres, espées, dagues, poignartz et trompes... trouvées au Cabinet du Roy à Fontainebleau. (1560-1562.) — Manuscrit, relié en maroquin rouge, aux armes de Catherine de Médicis, reine de France (1519-1589) et avec sa devise : « Ardorem extincta testantur vivere flamma. » — (Bibl. de l'Arsenal, ms. 5163.)

**150** ↞ **Henri Suso.** — L'horloge de Sapience. — Manuscrit de la fin du xv^e^ siècle. — Maroquin brun et noir aux armes et au chiffre de Diane de Poitiers, duchesse de Valentinois (1499-1566). Tranches dorées et ciselées. — (Bibl. de l'Arsenal, n° 5162.)

**151** ↞ **Les méditations** des zélateurs de piété... mises en françois par Jean Guytot. — Paris, Pierre l'Huillier, 1571, in-8°. — Maroquin fauve, décor dit à la Fanfare, aux armes d'Henri III, roi de Pologne et avant qu'il ne fût roi de France. Tranches ciselées et dorées avec la date de 1574. — (Bibl. Mazarine, n° 48588.)

**152** ↞ **Sansovino (F.).** — Historia Universale dell'origine, et imperio de Turchi, Venise, 1573, in-4°, Maroquin rouge souple; aux armes de France, Pologne et Lithuanie et aux chiffres d'Henri III. Tous les fers sont poussés en argent, reliure de Nicolas Eve. Tranches de deuil. — (Collection Hector Letuel.)

**153** ↞ **Le Livre des statuts** et ordonnances de l'ordre et milice du benoist Sainct-Esprit. Paris, 1578, in-4°. — Maroquin orange, aux armes d'Henri III (1551-1589), avec semis de fleurs de lys et de flammes, exécutée par Nicolas Eve en 1579. — (Bibl. Ste-Geneviève, E 4° 21671.)

154 →← **Musso.** — Les sermonts très doctes et éloquents. Paris, 1584, in-8°. Maroquin olive, entrelacs géométriques: sur les plats la Crucifion; le dos porte les armes de France, la devise d'Henri III et la tête de mort des Pénitents, tr. dorées. — Vente Victorien Sardou, 1909, n° 3. — (Collection Hector Lefuel.)

155 →← **Tatt (Charles)** — Brief discours de la magnifique réception faicte par la Majesté du Roy Henry troisièsme, roy de France et de Pologne, aux ambassadeurs des puissans et libres potentats, suisses, grisons et leurs coalliez, deputez à jurer l'alliance accordée entre sa dicte Majesté et les dits seigneurs des ligues... — Paris, Jamet Mettayer, 1585, in-4°. — Relié en parchemin, avec semis de fleurs de lys, aux armes d'Henri III, roi de France (1551-1589). — (Bibl. de l'Arsenal, H. 7670.)

156 →← **Huictiesme création** de chevaliers de l'ordre du Saint-Esprit de l'année 1585. Velin 30 ff. Armoiries peintes. — Veau fauve, filets or et insignes de l'ordre du Saint-Esprit (colombes, flammes, fleurs de lys), dos orné. Au centre armes d'Henri III, roi de France et de Pologne, entourés des colliers de l'ordre de Saint-Michel et du Saint-Esprit avec le chiffre composé d'un H et de deux L (Louise de Lorraine, sa femme). — (Bibl. Mazarine).

157 →← **Le Pseaultier de David,** contenant cent cinquante pseaumes. A Paris, chez Jamet Mettayer, 1586, in-fol. — Curieuse reliure exécutée pour Henri III (1551-1589). — Maroquin brun parsemé des insignes que le roi affectionnait depuis qu'il avait créé l'ordre des Pénitents blancs (1583) : Squelettes, larmes, cierges, cercueil, etc... — (Bibl. Mazarine).

158 →← **Thucydidis** de bello Peloponesiaco. — 1588, in-f°. Maroquin orange du Levant ; aux armes

de France, Navarre et du Dauphiné; aux chiffres d'Henri IV; l'entourage est formé des monogrammes de l'Ordre du Saint-Esprit, tr. dorées. Reliure de Clovis Eve. — (Collection de M. Hector Lefuel, Paris.)

159 ↔ **Officium diurnum** juxta ritum et consuetudinem Sacrarum virginum sub clausura dezentium ordinis Fontis-Ebraldi. Paris, imprimé par Nicolas Hygman, pour Simon Vostre, sans date, in-8°. — Reliure en maroquin brun dite à la Fanfare, exécutée peut-être par Clovis Eve pour Marguerite de Valois, première femme d'Henri IV (1552-1615). — (Bibl. Mazarine).

160 ↔ **Proposition** faite au Roy par Marc Marressa nagueres archier des gardes du corps de sa Majesté, contenant les moyens de rendre la soye aussi commune en France, Navarre, Béarn qu'elle est en la Chine et par toute l'Italie et Espagne. S. l., 1610, in-8°. — Reliure en parchemin, verni avec semis de fleurs de lys, aux armes d'Henri IV, roi de France (1553-1610). — (Bibl. de l'Arsenal, Sc. et A. 4.905 *bis*.)

161 ↔ **Cauvigny (François de).** — « Discours de l'autorité des roys ». Paris, Rob. Estienne, 1623, in-4°. — Maroquin brun avec semis d'M entrelacés alternés de fleurs de lis, exécutée pour Marie de Médicis, reine de France, seconde femme d'Henri IV (1573-1642). — (Bibl. Sainte-Geneviève, E 401.715 [2].)

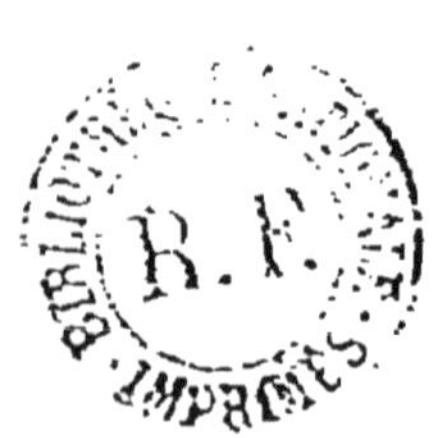

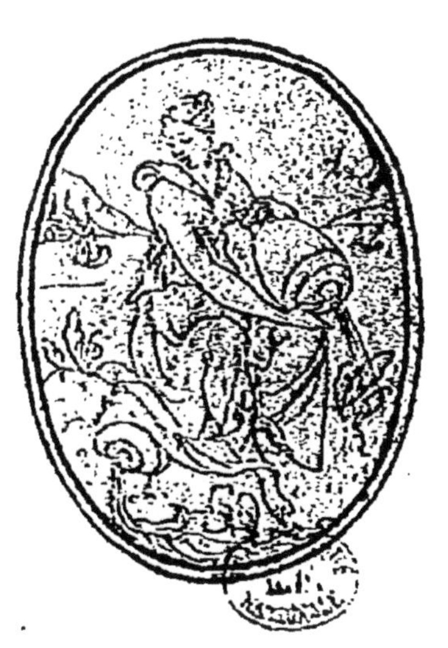

www.ingramcontent.com/pod-product-compliance
Ingram Content Group UK Ltd.
Pitfield, Milton Keynes, MK11 3LW, UK
UKHW022141170726
13837UKWH00004B/1711